DEVOIRS

DES CATHOLIQUES

LES LUTTES ACTUELLES

DISCOURS

PRONONCÉ

A L'OUVERTURE DE LA XXᵉ ASSEMBLÉE GÉNÉRALE

DES CATHOLIQUES DE FRANCE

Par M. l'Abbé FONSSAGRIVES

AUMÔNIER DU CERCLE CATHOLIQUE DES ÉTUDIANTS DE PARIS

(Cercle du Luxembourg)

BESANÇON

IMPRIMERIE ET LITHOGRAPHIE DE PAUL JACQUIN

14, Grande-Rue, 14

1891

DEVOIRS DES CATHOLIQUES

DANS

LES LUTTES ACTUELLES

Ille testimonium perhibebit de me.
Celui-là me rendra témoignage.

Messieurs,

Je n'avais qu'un titre pour prendre la parole dans cette réunion : celui d'un dévouement absolu aux œuvres du Comité catholique de Paris.

On a jugé que ce titre était suffisant, puisque je viens en ce moment appeler les bénédictions de Dieu sur vos travaux, sur les travaux de la vingtième Assemblée générale des catholiques de France.

Je suis heureux, Messieurs, de l'occasion qui m'est offerte de vous rendre un hommage qui vous est bien dû, car vous êtes, dans la mission d'apostolat que vous vous êtes si librement imposée, les coopérateurs du ministère sacerdotal, et il me semble parfaitement juste que, parfois, en des occasions comme celle-ci, la parole d'un prêtre vienne, au nom de Notre-Seigneur Jésus-Christ, encourager votre zèle et vous remercier.

Je compte donc sur la bienveillance que vous

saurez accorder à une parole bien faible sans doute, mais qui trouve cependant dès à présent auprès de vous quelque autorité dans le caractère qui la revêt et les vifs sentiments qui l'inspirent. Puisse l'Esprit-Saint mettre sous l'écorce fragile de cette parole toute la sève et toute l'énergie de sa grâce ! Puisse-t-il surtout, Messieurs, développer en vous la flamme sacrée du zèle et de l'apostolat !

Il ne suffit pas, en effet, aujourd'hui, pour être véritablement bon chrétien, d'adhérer fermement et du fond du cœur aux dogmes de la religion, d'observer partout et sans relâche l'austère morale de l'Evangile, de pratiquer scrupuleusement les prescriptions du culte religieux, de vénérer la hiérarchie ecclésiastique et d'obéir aux ordres qu'elle donne ; il faut quelque chose de plus dans les temps tourmentés où nous vivons : *un chrétien doit être un apôtre....*

Jeunes ou vieux, tous ceux qui portent au front la marque des prédestinés doivent prendre une part active à la lutte des idées et des opinions qui passionnent les esprits, affirmer hautement la divinité des doctrines que le Christ Jésus a enseignées aux hommes, et se montrer hardiment défenseurs des institutions que l'Eglise catholique a conçues, qu'elle a réalisées et que le monde veut détruire.

Vous devez être — vous, Messieurs, en qui je me plais à saluer l'élite des chrétiens — les témoins et les confesseurs de Jésus-Christ, et c'est pour cela que j'applique à chacun d'entre vous cette parole de mon divin Maître : *Ille testimonium perhibebit de me !* Il faut que celui-là me rende témoignage.

Le témoignage que vous aurez à rendre à Dieu, Messieurs, exigera deux choses de vous : la *parole* et l'*action*.

Vous aurez à parler pour le Christ et l'Eglise que vous aimez ; vous aurez à vous dépenser pour leur conquérir des âmes et des fidèles. Tel est, Messieurs, le double labeur qui vous attend et que vous ne pouvez récuser. Permettez-moi de vous le rappeler brièvement.

I. Vous donnerez d'abord au Sauveur Jésus le témoignage de votre parole.

Ai-je besoin de vous démontrer la nécessité de ce témoignage ?

La parole est féconde et puissante comme la vie, si elle fait aussi œuvre de mort. C'est l'ouvrière des transformations morales les plus étonnantes; c'est aussi l'instrument des plus incurables blessures. Ici, elle soulève les peuples et les pousse aux nobles ambitions, aux généreux élans, aux sublimes actions, et là au contraire elle les entraîne aux plaisirs faciles, aux voluptés malsaines, à leur suicide moral et à l'apostasie. Ici encore elle arrache la sentence qui rend à l'innocent, avec sa vie, ses droits et sa place au soleil, et là elle distille le venin de la calomnie et elle fait préférer Barabbas à Jésus.

Or, Dieu, Messieurs, — et je ne fais que citer un des vôtres [1], — Dieu s'est livré à ce merveilleux mais bien fragile outil de la parole humaine. Il a voulu confier à des mots vulgaires l'honneur de célébrer les mystères de sa nature et de redire dans leur hymne grossier et imparfait les miracles qui remplissent l'éternité. « Allez, a-t-il dit à ses disciples, allez et enseignez à toute créature ! » Les disciples

[1] Le P. Paul Lallemand, de l'Oratoire, dans une de ses admirables *Allocutions pour les jeunes gens*. (Paris, Retaux-Bray, 82, rue Bonaparte.)

ont obéi, Messieurs, et le divin témoignage qu'ils ont rendu au Christ a trouvé un écho puissant à travers les âges dans chaque génération. Depuis dix-neuf siècles, rien n'a pu entraver l'expansion de cet immense enseignement, et aujourd'hui, comme au jour de la Pentecôte, la vérité chrétienne trouve partout des messagers et des interprètes.

Qu'elle est belle et touchante, Messieurs, cette grande voix de l'Eglise, s'efforçant de conquérir des âmes au Sauveur Jésus ! Mais elle n'est peut-être jamais plus belle, plus maternelle et plus pressante qu'au jour où la foi s'obscurcit dans les âmes. Elle fait alors appel, pour aider la parole de ses missionnaires et de ses prêtres, au dévouement de tous ses enfants, et le divin témoignage s'affirme de nouveau plus fier, plus saisissant, plus convaincant parfois par la bouche d'un laïque.

N'est-ce point là, Messieurs, le spectacle qui nous est offert aujourd'hui ?

Grâce à vous, chrétiens ; grâce à vous, hommes de parole et d'action, la vérité de notre saint Evangile peut pénétrer partout, jusque dans les milieux les plns hostiles à l'apostolat de vos prêtres, pour rappeler à l'ouvrier auquel on a volé Dieu et le Ciel, la pensée vers l'au delà, cette pensée qui le soutiendra dans sa route et lui donnera ici-bas, sinon le repos et le bonheur, du moins la résignation et la divine espérance.

Votre foi, Messieurs, vous ne l'affirmez pas seulement par vos conférences populaires et par le concours que vous apportez aux œuvres d'évangélisation et de presse ; vous l'affirmez encore dans ces grandes assises que vous appelez vos congrès, sortes de conciles nationaux ou provinciaux au sein desquels prêtres et laïques, comme autrefois confondus dans un même amour pour l'Eglise, viennent exposer les besoins des grandes œuvres catholiques et protester contre les attaques dont la religion est l'objet ; se réconforter par la vue du bien qui s'accomplit et connaître le bien qui reste à faire ; s'entr'aider en un mot, s'encourager et se donner le baiser de paix, avant de retourner le front haut et le cœur plein d'espoir aux revendications dont aujourd'hui la vie du catholique est remplie.

Ah ! je le sais, Messieurs, il s'est rencontré, dans les rangs mêmes de nos frères d'armes, des hommes qui n'ont pas compris toute l'importance de vos congrès, et quelques-uns, fatigués d'entendre toujours les mêmes protestations, les mêmes revendications, ont cru devoir en nier l'utilité.

Messieurs, les apôtres ne pensaient point ainsi. Et à ces partisans du silence résigné vous n'avez qu'à opposer le *Non possumus non loqui*, ce cri sublime d'une conscience révoltée qui retentit dans l'histoire tout entière de l'Eglise, qui jaillit sur les lèvres des apôtres, des martyrs et des confesseurs. Sous les fouets, sous les haches des bourreaux, sous les sarcasmes et les rires des sophistes, en présence des attaques de nos ennemis comme devant les défections de nos amis, non, nous ne pouvons pas ne pas parler ! *Non possumus non loqui !*

Messieurs, ce cri de saint Pierre, qui tant de fois a sauvé l'Eglise du Christ, et que Léon XIII fait entendre du fond du Vatican, doit être votre cri de ralliement.

Mettez-vous donc à l'œuvre, ainsi que vous y engageait votre président, avec l'énergie de vos intelligences, avec le courage de vos cœurs. Que partout où se dresse un sophiste, il se montre un croyant ;

que partout où la négation fait entendre le cri de la révolte et de la haine, l'affirmation catholique fasse entendre le cri de la foi et de l'amour ; que ceux qui ont une voix parlent, que ceux qui ont une plume écrivent, que ceux qui ont des lumières les répandent, et les répandent à flots.

— La tâche est immense, dira-t-on, et l'horizon est chargé de tempêtes ! Qu'importe ! Ouvriers du grand œuvre de la Rédemption, parlez ! parlez toujours ! Tant que les insultes seront prodiguées à votre foi, tant que vos prêtres et vos congrégations se verront injustement spoliés, dépouillés, entravés dans l'exercice de leur saint ministère, tant que la croix ne brillera plus avec l'éclat de son immortelle jeunesse au foyer domestique, sur les murs de l'école et du prétoire comme au chevet du mourant, vous devez parler, vous devez protester.... et il faudra bien que votre parole trouve enfin un écho dans notre pauvre pays endormi ; il faudra bien que le bon sens reprenne ses droits, que la justice soit reconnue, que la vérité, dont vous vous serez faits les organes, triomphe de nouveau, et que le Christ règne en France comme il régnait hier, comme il doit régner toujours.

— On rira de vous, dira-t-on peut-être aussi, on se moquera de votre constance.

Encore une fois, qu'importe !

Les Anglais et bien des Irlandais bafouaient les efforts d'O'Connell : « Que nous veut ce parleur ? » disaient-ils. O'Connell ne s'est pas laissé rebuter : il a parlé, Messieurs ; il a parlé, multipliant les meetings et les assemblées, et vous savez comment sa voix a été entendue, vous savez comment il remerciait les électeurs de Clare, qui par leurs votes venaient enfin d'affranchir leur patrie :

« Vous avez su, leur disait-il, que la seule base de la liberté est la religion. Vous avez triomphé parce que la voix qui s'était élevée pour la patrie avait d'abord exhalé sa prière au Seigneur. Maintenant des chants de liberté se font entendre dans nos vertes campagnes, les sons parcourent les collines, ils ont rempli les vallées, ils murmurent dans les ondes de nos fleuves, et nos torrents, avec leur voix de tonnerre, crient aux échos de nos montagnes : L'Irlande est libre ! l'Irlande est sauvée ! »

Messieurs, vous avez tenu à venir dans cette église, au commencement de votre congrès, affirmer que le seul but de vos efforts était le bien de la religion. Votre voix, avant de se faire entendre, a voulu, elle aussi, exhaler d'abord sa prière au Seigneur. Vous pourrez rendre ensuite en public le témoignage de votre parole. Cette parole, bénie et sanctifiée par la prière, portera ses fruits pour la défense de votre foi, en attendant le jour où elle pourra célébrer, comme le faisait O'Connell en Irlande, le salut de l'Eglise et de la Patrie.

II. Parler, c'est bien, Messieurs, c'est bien !.... mais il est quelque chose de mieux encore : c'est d'agir : une doctrine ne s'affirme pas seulement par des paroles ; elle doit se traduire encore par des actions et par des œuvres.

Au témoignage de la parole vous avez donc à joindre le témoignage de l'action.

Cette action revêtira sans doute les formes les plus diverses, mais elle n'aura qu'un seul objet : la lutte !

Le monde, Messieurs, est travaillé aujourd'hui d'une étrange façon : tout se disloque, tout se transforme ; et le chrétien, au milieu du bouleversement qui s'opère, est obligé d'accomplir son pèlerinage ici-bas, un peu comme les Hébreux accomplissaient la restauration du temple de Jérusalem, c'est-à-dire les armes à la main.

La lutte éclate partout, vous disait éloquemment M. B. Terrat : dans le domaine de la science, que toute une école veut retourner contre l'auteur de ces lois admirables qu'elle découvre ; — dans le domaine du droit, qu'une théorie prétend fonder sur la force, où je ne sais quelle tortueuse légalité prétend se substituer à la justice ; — dans le domaine des arts, qui ne seraient plus le rayonnement de la beauté divine ; — dans celui de l'histoire enfin, où l'on voudrait travestir les grandeurs passées pour satisfaire notre passion moderne de nivellement égalitaire.

Nous devons engager la lutte et nous montrer les premiers dans toutes les branches du savoir humain. De là, pour nous, obligation stricte et rigoureuse de bannir tout désœuvrement, de nous consacrer par un labeur opiniâtre au triomphe de la vérité, car la vérité ne nous effraie pas, nous autres catholiques : elle vient de Dieu même, et sa lumière ne fait que mettre en plein jour la divinité des croyances que Notre-Seigneur Jésus-Christ a apportées.

Quelle apologie pour l'Eglise, en effet, Messieurs, que cette réunion de savants qui se réunissaient naguère à l'Institut catholique de Paris, et à laquelle plusieurs d'entre vous apportaient leur concours !

Mais il ne vous suffit pas, Messieurs, de prouver, par vos excellents travaux, que *la religion n'empêche de penser que ceux qui ne sont pas faits pour penser*, vous vous donnez encore et d'une façon pratique aux œuvres d'enseignement. Vous avez compris, en effet, que vous ne pouviez pas céder sur ce point un seul pouce du terrain que nos pères ont si laborieusement conquis. Votre comité de défense sociale et religieuse, votre section de l'art chrétien, votre Société générale d'éducation et d'enseignement, votre commission de la presse et des conférences, montreront bien, durant ce Congrès, qu'en fait de revendications vous ne vous bornez pas à la parole, et que votre témoignage en faveur du Christ est bien actif et militant.

Comment en douter, Messieurs, si nous abordons les questions d'ordre social ? Nous vous retrouvons dans toutes les œuvres qui ont pour objet de rétablir la vie de famille par le repos et la sanctification du dimanche ; nous vous voyons préoccupés de créer entre les patrons et les ouvriers les rapports qui doivent exister entre des hommes également fils de Dieu et trempés également dans le sang rédempteur du Christ. Vous ne vous contentez pas d'améliorer la condition matérielle de ceux qui souffrent, vous allez à eux pour les soutenir et les encourager, et nous vous avons souvent rencontrés, nous autres prêtres, dans les pénibles escaliers qui conduisent aux mansardes du pauvre ; nous avons entendu bénir les conférences de Saint-Vincent de Paul ou les patronages par de malheureux égarés, auxquels serait demeuré inconnu, sans vos œuvres, le Maître divin qui, durant sa vie mortelle, eut une parole consolatrice pour toutes les misères, eut une larme pour toutes les douleurs.

Oui, soyez bénis, Messieurs, car l'intérêt que vous portez à l'ouvrier, la charité que vous prodiguez aux pauvres, est bien le témoignage qui plaît le mieux au cœur du Christ, le témoignage dont mon Jésus ne peut se passer.

Vous vous rappelez tous, Messieurs, que saint Martin partagea un jour avec un glaive son manteau pour couvrir un mendiant à demi gelé sur une route neigeuse ; mais rappelez-vous que ce glaive ne fut pas seulement pour l'apôtre de Tours l'instrument de la charité, et que cette main qui donnait si miséricordieusement devenait lourde et terrible aux ennemis lorsque l'heure du combat avait sonné.

Armez-vous donc encore de courage et d'énergie, vous dont le cœur est bon aux souffrances des petits et des humbles, car la lutte éclatera plus âpre pour vous dans le domaine religieux que dans le domaine des connaissances humaines et des questions sociales. Il semble que tous les efforts se soient concentrés sur ce point ! Tout ce qui nous est cher : l'Eglise, le Souverain Pontife, les ordres religieux, le clergé, les principes sociaux, la vérité, la justice, la liberté, tout est odieusement attaqué. La lutte est décisive : c'est à nous qu'il appartient de la soutenir, non plus seulement en affirmant ce qui est, mais en rétablissant nos droits méconnus. Lâche et félon qui se tiendrait à l'écart, car si un catholique ne ressentait pas jusqu'à la moelle de ses os les insultes faites à sa foi, si un catholique assistait impassible aux événements qui se passent, attendait indifférent les événements qui se préparent, oh ! alors, Messieurs, ce serait à désespérer de notre patrie, et le sang de la vieille France, de la France chrétienne, aurait cessé de couler dans les veines de ses enfants dégénérés !...

Mais non, Messieurs, il n'en est pas ainsi, et vous ne désertez aucun des combats que les ennemis de l'Eglise vous proposent ; vous acceptez généreusement, chevaleresquement, leur cartel. A chaque atteinte portée à nos libertés vous opposez une œu-

vre, et cette œuvre, vous la développez, quelques sacrifices qu'elle puisse vous coûter.

Denier de saint Pierre, denier des religieux expul-
sés, réunions paroissiales militaires, écoles libres,
facultés catholiques, hôpitaux libres et chrétiens,
associations ouvrières, patronages, œuvres de per-
sévérance.... jamais l'action catholique ne fut plus
grande, jamais elle ne [fut plus active et plus
virile !

III. D'où vient donc, Messieurs, que cette action
ne se traduit pas aux yeux de tous comme devant
amener dans une courte échéance le triomphe de
l'Eglise et de la véritable liberté ?

Cela doit provenir de deux causes : d'une part, du
peu d'unité dans nos efforts pour la défense de notre
foi, et, de l'autre, du manque de confiance que nous
avons en nos propres forces.

Ici, Messieurs, je vous demanderai d'être bref ;
j'espère n'en être pas moins explicite.

Vous vous rappelez ce dernier repas du Christ-Jésus
avec ses apôtres. Avant d'instituer la sainte Eucha-
ristie, il élève ses yeux vers le ciel, et s'adressant à
son Père, il lui dit : Père saint ! conservez dans votre
nom ceux que vous m'avez donnés : *Pater sancte,
serva eos in nomine tuo quos dedisti mihi*, afin qu'ils
soient un comme nous sommes un, *ut sint unum
sicut et nos*. Dans cette prière solennelle, la dernière
qu'il devait prononcer avant sa passion en présence
de ses apôtres, le Christ veut les armer sans doute
contre les schismes qui déchireront la robe sans cou-
ture de l'Eglise, mais il les arme aussi contre ce manque d'entente, ce manque d'unité qui se remarquera
trop souvent dans les luttes pour la foi.

Messieurs, y a-t-il entre nous la parfaite solidarité.... disons mieux.... la charité mutuelle des premiers chrétiens ? Sommes-nous bien, comme le désirait saint Paul, à la fois membres du Christ et membres les uns des autres : *Corpus Christi et membra de membris ?* Réalisons-nous, en un mot, l'union que Jésus-Christ entendait dans sa prière suprême ? Question délicate, Messieurs, mais à laquelle nous devrions pouvoir répondre.

Ah ! je le sais, on parle beaucoup de l'union qui doit exister entre les catholiques.... On n'en a peut-être jamais autant parlé, et tous ces discours n'aboutissent le plus souvent qu'à des discussions passionnées sur des questions contingentes, discussions dans lesquelles on confond à tort deux terrains absolument distincts : celui de la politique et celui de la foi. Ainsi se trouvent paralysés ou stérilisés les efforts des meilleurs.

Ah ! combien différente est votre attitude à vous, Messieurs du comité catholique ! Vous n'êtes certes pas de ceux qui se reconnaissent le droit d'imposer aux autres des déclarations politiques contraires à d'intimes et sincères convictions, convictions respectables, parce que toutes, malgré leur divergence, reposent sur le désir de rendre heureuse notre pauvre patrie. Vous estimez au contraire que de semblables déclarations seraient pour beaucoup un mensonge, et qu'elles sont aussi inopportunes qu'impuissantes à assurer l'accord tant désiré entre les catholiques sur le terrain religieux.

Mais — quelles que soient vos préférences personnelles, et au-dessus des préoccupations politiques qui ne relèvent que de la conscience individuelle, — vous avez plus que personne le sentiment du grand devoir social qui doit aujourd'hui dominer toute autre préoccupation.

Catholiques avant tout, vous voyez l'Eglise, votre mère, objet principal des outrages et des persécutions ; vous apercevez l'ennemi aux portes, l'ennemi devant lequel les divisions doivent cesser, et vous poussez le cri d'alarme : « Que toutes les bonnes volontés, que tous les cœurs dévoués au Christ viennent à nous ! Unissons-nous mieux que jamais pour aller où le péril est le plus menaçant ! Unissons-nous pour sauver la croix ! »

Vous donnez ainsi, Messieurs, le véritable mot d'ordre, le seul qui convienne à des hommes libres et à des chrétiens ; et, ce qui est mieux, vous donnez par vos actes l'exemple de l'union pour la défense de notre foi. Il me semble que le Christ est vraiment avec vous, répétant sa sublime prière : « Père saint ! conservez dans votre nom ceux que vous m'avez donnés, afin qu'ils soient un comme nous sommes un ! »

Oh ! je vous en conjure encore avec l'Apôtre, mes frères bien-aimés, par le nom de Notre-Seigneur Jésus-Christ, n'ayez tous qu'une même parole : *Obsecro vos, fratres, per nomen Domini Jesu Christi, ut idipsum dicatis omnes,* et qu'il n'y ait point de schisme parmi vous, *et non sit in vobis schisma ;* mais soyez tous affermis dans le même esprit et dans la même pensée, *sitis autem perfecti in eodem sensu et in eadem sententia.*

Ainsi parfaitement unis au Christ et parfaitement unis les uns aux autres, nous serions invincibles ; c'est Dieu qui nous le dit encore : *Frater qui adjuvatur a fratre quasi civitas firma.*

Nous serions invincibles encore, Messieurs, si nous avions une plus grande confiance en nos propres forces, si nous avions une foi absolue à l'assistance du Christ en qui réside toute puissance et toute vertu. Quels que soient, en effet, nos motifs de crainte dans le présent, nous sommes certains que la lutte engagée contre l'Eglise aura bientôt une fin, et que cette fin sera non point celle que nos ennemis attendent, mais celle que nous pouvons espérer. Fermer nos cœurs à la confiance serait à la fois sottise et lâcheté !

Pensez, en effet, Messieurs, au peu de bien qui se faisait il y a trente ans, et voyez le bien qui s'accomplit aujourd'hui ; comptez les œuvres qui se sont fondées ; énumérez, si vous le pouvez, les conquêtes opérées par la foi sur les âmes ; voyez derrière vous cette réserve de jeunes gens dévoués à l'Eglise, dont je suis le représentant ici, qui, fidèles, généreux, ardents, veulent combattre à vos côtés, et dites-vous bien que ces épreuves dont vous souffrez, dont souffre l'Eglise, n'auront qu'un temps. *Nolite amittere confidentiam vestram quæ magnam habet remunerationem.* Oui, notre espoir est fondé, mais cet espoir, plaçons-le surtout en Dieu ; car, pour nos œuvres catholiques, on l'a fort bien dit (1), il ne peut y avoir qu'une devise : Ne regarder ni en arrière ni en avant, mais en haut !.... Que ce soit votre devise, Messieurs !

J'ai lu (permettez-moi ce souvenir en terminant ce trop long entretien), j'ai lu, dans un de nos poètes, que les enfants d'Israël, ayant fait le mal aux yeux du Seigneur et oublié leur Dieu pour servir Balaam, furent livrés entre les mains de Chusan Rasathaïm, roi de Mésopotamie.

---

(1) M. B. Terrat, président du Cercle catholique des étudiants de Paris.

Lorsque la mesure des vexations fut comble, les Israélites envoyèrent des messagers à Othoniel, fils de Cenez, le plus vaillant d'entre eux, pour le supplier de se mettre à leur tête et de venger le peuple victime d'une tyrannie atroce. Mais, secouant la tête avec un air de doute, Othoniel répondit simplement : « Non, vous n'êtes pas prêts. »

Les envoyés apportèrent cette réponse au peuple d'Israël, et la douleur fut grande, et le désespoir gagnait tous les cœurs, lorsqu'un homme, un prêtre, se levant dans le conseil : « Othoniel a raison ! la haine n'est rien, les récriminations sont peu ; nous voulons un chef, faisons-lui d'abord des soldats et des armes. » On acclama ce prêtre.

Et quand Israël se fut armé et qu'il eut rassemblé des légions, ses délégués revinrent à Othoniel, mais ils n'en obtinrent que la même réponse : « Non, vous n'êtes pas prêts ! » et ils revinrent tristement au milieu de leurs frères.

Dans le tumulte qui accueillit ce nouveau refus, la voix du lévite se fit encore entendre : « Othoniel a raison : les armes pas plus que la haine ne suffisent à sauver une nation. Nous avons des soldats, nos bras se sont armés, c'est bien : sachons armer nos cœurs ! »

Et lorsque les hommes d'Israël se furent retrempés dans la prière en commun et qu'ils furent bons et justes, lorsqu'ils se sentirent prêts à tous les dévouements, à tous les sacrifices, et qu'ils n'eurent plus qu'un seul cœur, une seule âme, un seul élan à Dieu, Othoniel se leva parmi eux : « Vous êtes prêts ! » leur dit-il. Et le Seigneur fut en lui, et Israël fut sauvé.

Il ne suffit pas, Messieurs, de vous plaindre des

maux dont l'Eglise est accablée, il ne suffit même pas de créer des œuvres et de vous armer pour la lutte ; vous devez élever plus haut que jamais vos âmes et vos cœurs par la prière et l'exercice du dévouement. Tant que l'union n'existera pas entre vous intime, puissante ; tant que vous n'aurez pas tous la même confiance, le même espoir en Dieu, le double témoignage de votre parole et de votre action ne produira point tous ses fruits ; mais lorsque, parfaitement unis dans la prière et dans la lutte, vous marcherez la main dans la main ;

Ce jour-là, Messieurs, vous serez prêts, et Dieu sera avec vous, et vos efforts seront féconds, et vous aurez la victoire.